오독을 지우는 새벽

지시연 시집

문학의전당 시인선
381

오독을 지우는 새벽

지시연 시집

문학의전당

시인의 말

땅끝에 서 있는
나무 같은 풀 한 포기
소망의 돌 하나 품은 뭉클한 저녁
그 돌 하나가 키워온
변하지 않는 시심을 믿고
생은 늘 심장이 뛰었고
세월도 적절히 익어간다.
사계절 바람의 안부가 없었다면
어찌 눈을 뜨고
하늘을 경배할 수 있었을까?
그 절정을 노래한 여덟 번째 시편 속에
담아온 꽃무늬 여기저기
누구라도 화자가 되어 오시라
만개함을 전하는 와시(臥詩)의 숨소리여!

2024년 8월
시담정에서 지시연

차례　　　　　　　시인의 말

제1부

무관심을 벗기다　13
비의 언어　14
사람으로 살아가는 중　15
오독을 지우는 새벽　16
변명이면 어떠랴　18
무왁저지　19
배의 속사정　20
순간 포착　22
공복으로 너를 채웠다　23
당당한 슬픔　24
탈출기　25
귀룽나무　26
돌의 시간　28
꽃의 지문　29
님프의 바다　30
클라라에게　31
이명이 사라진 후　32

제2부

내 안으로 난 길 35
이긴다는 말 36
나이 세는 법 37
마음이 그래 38
나를 위한 격려 40
타자의 길 41
질그릇 42
뇌의 파고 44
모름지기 45
사는 날까지 46
무하유(無何有) 48
장마 49
그날 저녁 50
그날, 눈물을 잠그지 못했다 52
조화의 힘 53
어둠의 갈채 54

제3부

새해 자작곡　57
네순 도르마　58
이끼 서랍장　60
수상한 밤　62
율마　63
꽃의 비밀을 만지다　64
그 남자　66
위로　67
문장의 진화론　68
안도　70
당당한 착각　72
우리가 살아야 한다면　73
위로가 되는 말　74
미달　78
커튼콜　80
별의 눈물　82

제4부

어느 나무 이야기　85
돌멩이 수프　86
겨울 창밖은 푸르다　88
그네　89
계곡을 지나는 달　90
구상나무에 걸린 기도 한 줄　92
상처 말리기　93
누가 빙하를 녹이는가?　94
내가 보이는 그림　96
그리움이 된다는 것　97
묵은 시절　98
가을살이　100
늙은 밤나무의 말　101
여행의 반전　102
누워서 쓴 시　104

해설 | 자연에의 동화로 사물의 숨소리를 듣는 시 정신　105
　　　 | 이영춘(시인)

제1부

무관심을 벗기다

여기까지
누군가는 자기애를 산다고 자랑하듯 설치기만 했구나
정작 사랑한 게 아니라 먼저 철저히 버렸고 외면당했다는 사실
이제야 조금은 알았겠구나
자신을 우선 생각한 것보다
거절 못한 무력감에 돌아보게 되는 날들이 저물어
숨 막히게 둘러서는 밤이겠구나
몇 달 동안 웃고 산 것도 엄청난 사치 내 것이 아니었구나
가끔 헛웃음으로 의식을 주저앉히는 난입
이제 아무것도 할 수 없게 추락하는 날개만이 내 몫이구나
무엇을 위해 달려온 건지 아득하기만 한데
위로받을 사람도 없이 울 수조차 없는 부자유
그냥 살던 대로 다시 꽃다지 냉이 쑥 캐던 흙손으로
뜰살이 하며 살고 싶은데
거봐, 아무도 너를 일으켜 주지 않아
그게 소망인데 몸도 안 되는 일이 되었구나

비의 언어

유심히 비에 젖는 것들과 호흡하고
비릿한 물기에 미끄러져 빗속에 빠져 한 계절 살았다

주워 담기 시작한 말들을 오물거리며 종일 녹여 먹다가
일곱 살 난 어린 내가 보여 리본 달린 구두를 꺼내 놓았다

이따금 저녁 무렵이면 혓바늘이 돋기도 했지만
비타민도 따끔거리는 미뢰(味蕾)를 달래지 못했다

비에 의지하여 젖은 말을 오래도록 곱씹었다
물에 데쳐 잡념을 숨죽이고 비의 파열음을 들었다

백 명의 시인들이 활자로 지나가고
천 명의 시인들이 대기 중인 하루

글보다 시보다
저 빗소리가 한 수 위다

사람으로 살아가는 중

친구야! 무겁게 시작하는 날도 있듯
우리의 삶인 것을 노래하자
해결해야 할 문제 앞에서 지혜를 모으면
고유명사인 사람이 가끔은 저 숲속에 살더라
한 그루 고로쇠나무가 되어 본심을 털어놓고
언제 그랬냐 싶게 제자리로 와 있곤 하지
잠깐 누구를 부러워해도 조사나 부사는 아닐 거야
그러니 우리의 내면을 외면보다 더 살피고
나에게 맞는 옷을 입고 주위를 챙겨 보자
가끔은 목적어처럼 타인에게 건조한
마음을 보일 때도 있겠지만
꼭 필요했거나 어쩌다 일어난 일에
오래 마음 가두고 살지 말자
사람으로 산다는 것은 목숨이 익어가는 한
되어가는 일이지 실망할 일 결코, 아니야
우린 지구별 여행자
지금 행복이란 동의어로 잘살고 있잖아

오독을 지우는 새벽

자잘한 물고기를 놓아주는 어부의 손
그물을 빠져나가 상하지 않은 비늘처럼

지난밤 온기 없는 생각을 퍼내고
게으름은 벗어놓고 헤엄쳐 온 여기
새벽은 언제나 천상의 바다요 지혜의 숲

풋풋한 정신을 깨우느라
어둠의 호흡들이 일정한 파장을 그으며
멀어지는 지금이란 신호

생이란 주조음을 아름답게 연주하려
몽돌처럼 다듬는 게 쉬웠다면
시는 나와 함께 살지 못했으리라

껍질을 벗고 속살이 드러나는
피조물들의 상한가를 헤아려
바닥을 힘껏 믿어보는 배려까지

다시 새벽을 사는 일은
나를 지우고 너를 새롭게 읽어내는 일로
어제보다 한결 수월하다

변명이면 어떠랴

혹여라도 하이퍼그라피아*를 탐한 적 없지만 문득 비슷한 시간을 산 것 같다. 거창하게 의학적 용어를 차용한 까닭은 시를 매일 수 편씩 쓸 수밖에 없었던 몇 년에 대한 예의 때문. 눈만 뜨면 책 읽듯 밥 먹듯 시를 썼다. 시가 나를 데리고 여기까지 왔다는 사실이 우연하지 않다. 무작정 장소 불문 기침하듯 쏟아지는 시 속에서 추락하는 나를 건져 올렸다. 시 창고 아니 시 은행에 예금해 놓고 출금하는 기쁨을 푸짐하게 누렸다. 낙엽처럼 쌓여가는 나의 시혼들, 그 숨소리 그리고 미래까지 달려가는 시의 자유, 혼자만의 시간을 차지하고 앉았다. 갈 길이 멀다고 말하려는 게 아니라 가도 되고 안 가도 되는 선택일 뿐 어떤 억압도 추궁도 없을 테지만 어느덧 시가 나보다 나를 더 믿도록 힘이 세고 이미 든든한 모체가 되었다.

---

*하이퍼그라피아(hypergraphia): 글을 쓰고자 하는 주체할 수 없는 욕구를 가짐. 사진을 찍듯 세상사를 기억하는 메모리의 소유자.

무왁저지

　무 하나를 반달 모양 나게 납작 썰어 들기름에 살짝 볶다가 조물조물한 표고는 가운데 떡하니 모시고 다시마 대파 멸치 우려낸 채소 물에 맛을 낸 양념장 올려 뭉근한 시간을 조린다. 강원 산골에 살면서 생선을 넣지 않고 쉽사리 해 먹는 겨울 별미 중 하나로 자랑하고 싶었던 나는 몇 해 전 이마가 시릴 만큼 투명한 여승을 따라가다 만난 소박한 음식에서 함지박만 한 행복을 맛본 후 슴슴한 정성을 배웠나 싶다. 큰 접시에 담아내다 잣 알갱이 송송 뿌려 내면 먹는 사람들 한마디씩 거드는데 "시담 손맛이 어찌 이리 은근하냐" 별것 아닌 음식에 이 무슨 호사인가 싶어 더 잘해보려 해마다 표고버섯 말리는 일 잊지 않았다. 무 조각 방석 위에 표고가 누워 먹음직스럽게 웃고 있다는 건, 겨울날 꿀침 도는 일이라 마음 부자 양지에 앉아 입맛까지 늘어간다.

배의 속사정

퀸 제노비아는
바다를 제 속 가르듯 헤엄쳐 가고 있었다
배 안에 실린 수백 대의 차량
그 무게에 비하면 승선한 사람의 무게는
지나가는 수십 마리 양 떼 정도란다

난생 이후
한 번쯤 지독하리만큼
호화스런 작은 경험에 절로 출렁거리다
혼미한 틈에 두려움의 바닥까지 없어졌다

탁 트인 건 바다뿐 아니라
꽉 막혔던 내 허술한 뇌 구조를 흔들어
연실 짠물에 버렸다

이왕 그리된 거
짠물 속에 무한정 씻어내고
무량수를 찍어 먹는 바닷새처럼

바람 한 점 건져 먹는 맛도
사는 맛이다

경계를 버리고
경계 안으로 들어오자
불안도 지운 눈 속에
뭇 섬들이 졸다가 깬 듯 가물가물 올라온다

배 안엔 사람만 탄 게 아니라
흔들림조차 없는 중심 잡기는 무효 지경
이후 낮이 낮으로 큰 섬을 향해
홍청홍청 달렸다

순간 포착

포착하지 않으면 날아가 버리지
단단하고 뿌리도 깊어서
살아남기 위한 몸부림 같은 절호일까
기회가 왔을 때 잡는 언어의 밥상

물무늬에 투영된 흔들리는 나를
건져내어 닦아주는 응급처치 결과
부과된 얄미운 고지서 한 장

기호처럼 써놓고 스스로 지우며
기억을 가다듬는 음각된 꿈 한 자락
사막의 아데니움* 같은 기이한 착상

생각의 틈으로 쏟아지는 빛의 갈망
위기마저 시원으로 차려내는 끈질긴 호흡
그 호흡 첫 느낌에 매달린 지금, 달콤하다

---

*아데니움: 사막의 석화류인 바오바브나무.

공복으로 너를 채웠다

사람은 먹는 게 아닌 것쯤은
누가 가르쳐주어 안 것이 아니듯
말 한마디로 사람 잡는 사람 옆에는 가기 싫다
어려서부터 단맛에 길들지 않아
시폰 케이크를 잘 먹지 않았고
군것질도 하지 않았는데
어느 날 가끔은 커피와 빵을 먹으며
달라진 입맛에 기웃하기도 한다

못 먹는 게 없는 식성이라도
덜 먹는 몇 가지 안에 들어 있던 빵
그 빵의 달콤함에 빠진 것이거나
무력해진 나를 일으켜 달라는 구호로 살금살금
갓 구워낸 빵 같은 사람이 바로 나였으면
아주 간절히 바라기도 하면서 빈속을 채운다

당당한 슬픔

엉성하게 슬픔 한 자락 짜느라
미간도 찌푸리고 고함도 질렀으나
손에 잡히지 않는 슬픔이
어떻게 뼛속까지 사무쳤는지
나도 알고 너도 아는 뼛속으로 흐르는 샛강 하나
하늘 아버지의 큰 사랑이 유전된 결과라 하자
그러니 사랑아
십자가 아래로 골백번 미끄러지는 내 슬픔아
이제 우리는 곰삭은 척, 못해도
당당히 슬퍼하기로 하자
이 순간 하늘은 우리 기대만큼 높아지고
두려움은 부끄러운 슬픔이 아니다
뭇별들의 성벽 같은 언어의 골짜기로 가다가
애석한 슬픔은 접고 하늘에 닿을 마음 다독이다가
굴절되지 않으면 골절되지 않아
온전한 너는 살아남는 네가 되는 나다

탈출기

 이유가 무엇이든 싫은 사람 떠나고 싶은 곳으로 보내주기로 하고 출애굽을 접고 선택지를 새로 정한 사람이 있었다. 세상살이 고마움 잊고 너는 이래서 싫다면 내 곁에 있지 말지 왜 비난하냐, 따지기도 귀찮다고 했다. 그는 몹쓸 병에 걸린 듯 사고의 기초가 막힌 줄도 모르고 끊임없이 언어를 난발했다. 이런 사람은 당초에 처음 본 것이다. 여기서 무작정 피해 가면 사람도 아닌 생명체와 다시 만난다. 인생길 험난하다고 비척대며 살지 않기로 한다. 나의 산에서 묻기조차 암담한 너를 내려다보는 것까지는 일정기로 받아들여 언제 소맷부리 뿌리친 적 없이 흘러왔는데 닳아 없어진 게 그것뿐일까? 정작 아픈 이별은 그리움의 전조 증상이었을 뿐 도망친다고 끝이 아니었다.

귀룽나무

산골짜기에서 봄을 살다가
깃털만 뽑아놓고 철새처럼 앉아 있다

빈 가지 휘적거리다 바람과 맞선 채
내 눈길 한번 받지 못하던 저 나무
밤새 하얀 꽃 피우느라 울고 섰다

스무 해를 이소하려는데
새소리 고저장단까지 가슴으로 옮겨 앉고
하필이면 창 앞을 가로막고 서 있는지
아침부터 눈물 쏙 빼놓는 재주 있다

털털거리며 오다가 자꾸 돌아보는
저 허름한 외로움
산책길에 뿌려놓은 무수한 이야기
서로를 위로하던 말들이 허사가 아니었구나

나만 힘들고 시린 손이 아니었기에

더 찬 손을 내가 품어줄 수 있었구나
작은 용기가 더 먼 길을 나서려고

꽃이 지고 나서야
하얗게 해산을 마친 나무는
오래오래 내 눈언저리 시리도록
어제 본 듯 기억하며 살겠구나

돌의 시간

그냥
앉아 있기만 해도
끓어오르는 오래된 이야기를 듣는 것이
또 한 겹 주름이 새겨지는 것이
비가 오고 바람이 불고
눈이 얼어붙는 이유가 다 있었다

맥없이
거친 물살에 제 몸을 깎이고도
아프다고 뒹굴며 물소리에 묻혀간
헤어날 수 없는 탄식도
새겨진 무늬에서 이름 하나 하나
불리는 까닭이 다 있었다

꽃의 지문

스무 해 동안 한 여자가 만진 그것
생계 수단이었다는 것을 시 쓰다가 덥석 깨달았다
내다 판 것도 없는데 맛있는 찬에 밥 잘 먹고
약간의 허세도 자신에게 부리며
꽃바구니 들고 원피스 앞치마 입는 날이면
어떤 왕비도 부럽지 않았다
흙손이 되는 날은 그런대로 힘을 모아
향기롭게 안부할 꽃들이 여자의 속내를 알기에
참으로 온 마음 다해 가꾸었다
나비와 새들, 반딧불이 날아오고
다람쥐까지 찾아와 꽃잎 사이를 오갈 때면
배가 부르도록 포식하고 단잠에 들었다
아, 이젠 웅크리고 누워
꿈만 같았던 시간을 거꾸로 돌린다
최소한의 시간이라도 다시 보내고 싶어 매만지는
여자의 손에 온종일 심파시 장미가 핀다

님프의 바다

아프지 말자
바다의 신에게 매달려 보기로 하고 잠수를 탔다
어처구니없는 행위
테티스*가 울고 갈 나의 어리석음이 물고기마냥 엎드렸다
아이가 어렸을 때 더 좋은 엄마가 되어주지 못한 건
두고두고 후회스럽다
어느 해 사월 잠수함 타고 우도에 간 게 전부인데
수년이 지나도 봄날 유채꽃 일렁이는 노란 비늘이 올라온다
제주 바다는 신화의 주인공으로 캐스팅해서 데려가고
절망도 후회도 사라진 그림자 하나
세상의 의심도 버린 저녁별
책을 덮고 누워 다시 그날 내가 본 바다
그 바다가 고래처럼 온몸 뒤집는다

---

*테티스(님프): 그리스 로마신화 바다의 신.

클라라에게

 구순도 오래 지나 어머니를 놓치고 막내인 네가 우는 모습이 내 눈자위를 흔들었다. 부모 자식의 이별이란 사는 동안 오래도록 이어지더라. 이별의 시간은 그리움이란 이름으로 돌아다니고 부모님 떠나가신 계절이나 기일이 다가오면 무시로 자라는 알큰한 향기 속에 너도 울고 나도 울며 나이를 더해가겠지만 암만 생각해도 우린 좋은 엄마의 딸이었구나. 친구야, 우리도 좋은 엄마로 차곡차곡 살다가 그리움 한 점으로 높이 높이 올라가자.

이명이 사라진 후

기댈 사람인 줄 알았는데
기우는 사람이었다면
나는 무조건 가을을 핑계로 잠적해야 한다
마음 한 자락 베어진 듯 피가 나고
인정 밖으로 끌고 가는 사람 되지 않게
맨발로 길을 걸어서 힘들지 않은 기운에 몰입하기
절름거리거나 찔려오는 것과
울퉁불퉁한 것과 강제 접촉을 벗어나
촉촉한 풀잎의 체온까지 느낄 수 있을 때
나를 흔드는 어지럼 증상은 증상일 뿐
넘어지지 않으려 잡은 따뜻한 손
이명의 곡선 혹은 날카로움에 다시 찔려
고개를 들 수 없었던 위기의 날들까지 지나서
다시 똑바로 걷게 된 지금
나를 어루만지며 체온을 높이고
조금이라도 좋은 기억 더해가는 사람으로 살면
어느덧 가을은 내 편 아닐까

제2부

내 안으로 난 길

헤르만 헤세의 말을 빌리는 것이 좋겠다
안으로 난 길을 걷는 게 얼마나 어려운지
겨우 알 것 같아 살짝 쉬어보면
안개라도 내린 날이 가늠하기 더 어렵다
심각하게 살지 않아도 해답을 향해 가는 나이
헷갈림은 없지만 혹, 가다가
내 안에 엉뚱한 돌기가 생기면 왜, 더 아픈지
살피고 가는 일 마땅하다 해독하려
살펴주고 싶은 마음뿐인데
해달라는 것도 아니고
잘 걸어가도록 낙엽 정도 치워주는 일
자꾸만 고불고불한 길 만들지 말고
그 길을 국수 밀듯 펴면서
땅은 길이 되고 마음 안에 그 길을 다시 내어
동산까지 걸어가는 등불 하나
어리석음을 버리고 때로는 참고 가는 힘
또 하나의 길 그 이름이고 싶다

이긴다는 말

 바람도 방향을 잃고 내 정수리를 쪼아대는 걸 가만히 누워 어디가 시린지 찾는다. 툭툭, 두드려 20세기 처치술로 혈액을 보내다 잠시 쉬는 틈을 본다. 몸이 이겨내지 못하면 어쩌나 하고 자세를 바르게 고쳐 놓고 두 시간째 싸운다. 내 몸 하나 이기는 일이 이렇게 난감한데 나가서 남을 어떻게 대할지 답이 없다. 아예 나서지 않고 대항하지 말고 살기로 했는데 말들이 능소화 지듯 쏟아지는 날엔 귀가 아프다. 내 발목이 따스해진다면 나는 끝까지 사람에게 밥이 되어도 좋으련만.

나이 세는 법

숫자 세기 좋아하는 사람이라도
예순 넘으면 저절로
나이 세는 법을 바꾸라 들었다

지상에 살았어도 땅속이 두려운 날
나를 포함해서 몇이나 눈물 바람 달려와 줄까

하나둘 손가락 꼽는 일 쉽지 않아도
실망할 필요는 없겠다

예순이 넘으면 나이가 아니라
인정을 세어가는 것이라 들었다

먼 인정들도 거듭 찾아와
같이 살자고 내일이 자꾸 오겠다

마음이 그래

나는 아직이거나 안 온 건지도 모른다

나는 언어의 잔뿌리만 캐다가 나도 모르는 사이 내다 버릴지도 모르는 스스로 무서운 존재

나는 나도 모르는 나를 여기에 두고 나를 찾는다고 떠나지는 않을 테지만,

나는 육신과 정신이 지탱해 온 나의 실체를 믿는다

나는 스무 해 동안 흙 만지고 꽃 농사짓고 나물 뜯고 글 쓰며 산 게 전부

나는 나처럼 살기 위해 다시 태어나도 이 삶이 싫다고는 말 못할 게 분명하다

나는 나를 조금 아는 게 아침 새가 나 대신 시를 쓰고 노래 부르도록 창문을 활짝 열어두었다

나는 나에게 모처럼 고맙다
더 많이 나를 사랑하기로 마음 다져 먹었다

나를 위한 격려

진짜 원하는 게 없어지면
그때도 지금처럼
정돈된 일상을 살게 될까

모르겠다 던져버리고
지금보다 더 깊이 돌 속으로 숨어버리는
한 마리 은어가 되진 않을까

관심인지 간섭인지 도무지 흐릿한
인정 하나 없는 곳에서
붓꽃으로 피어 흔들리고 있으려나

아직은 산천으로 초목이 부르는데
괜찮다고 더 자라나는 착각이란 새순

어디서 영혼의 샘물은 솟아나고 있는지
누워서 더 잔다고 해결될 일이라면
뼈라도 녹여서 뭉쳐가고 싶다

타자의 길

젊어서는 예측불허 어리석음에 눈멀어
이 사람은 이래서 좋고 저 사람은 저래서 싫었다 하자

길을 걷는데 내 어깨를 툭, 치고 지나가는 사람 때문에
그만 넘어질 뻔 휘청거린 적 있다

안색이 좋지 않은 사람이 실룩거리며 다가와
엉뚱한 말로 내 팔을 흔들어도
끄떡없이 그 눈을 본 적 있다

필요도 없는 곳에 마음 담가 적실 일 없어서
이 꽃은 이래서 예쁘고 저 꽃은 향기 없이 지나쳤다

꽃보다 귀한 게 사람이라면
나는 사람 쪽에서 꽃을 보리라

불면의 씨앗은 키우지 않을 것이며
한길을 꽃길로 만들어 오래도록 웃으며 걷게 하리라

질그릇

고유명사에 대한 통한에 빠져들 때
한 겹 더 자라서 세상을 여미기로 했다
소용되지 않았다고 소용없는 게 아니라
한구석 잡고 있던 나를 둘러보듯
그 자리 지켜만 주어도 온전한 이유 같은
구색에 맞아 안도하고 싶었다

옹기마을 구정리에서 찾은
붉은 인고의 빛깔들
동공을 열고 못 보았다면 어쩌나
그 눈이 고달팠을 시간의 유언들
웅크리고 앉아 있다가 나를 향해 말을 거는
저 무한한 형상에 말려들어 꼼짝하지 못했다

세상의 말이 금세 시들어 버리고
음성어의 퍼석함은 타서 재가 되어도
붉게 배어들어 간 울림 속 감탄사를 받아 마셨다
사람은 가마 앞에서 평생 불을 지피는 존재여도

그 한 사람의 인고(忍苦)를 껴안고
나는 오래도록 닦으며 살 수 있겠다

뇌의 파고

뇌가 살아 있으니 아직은 살았구나, 살았다 했겠지!

깊이가 없는 생각의 사람 하나를 호출해 보기로 하고 타자를 내보내어 빈말 난무한 죽은 껍질을 회수하게 하는 일은 놀랍게도 그럴듯했다. 온전하지 못한 가시가 찌른 자리가 아플 때는 늘 두피에 엉뚱하게도 아픈 멍울이 잡혔다. 한의사의 손에서 툭, 터져 나온 피. 힘들게 끈적이는 높낮이로 수고하는 뇌의 수난. 고요히 살고자 하나 자꾸 파고가 인다. 물리적 힘이란 쉼 없이 움직이는 것. 무리한 뇌가 반성하고 적절히 지시하고 함량 미달 없이 서서히 안정하면 생각도 지워지고 수면 고르게 살아가다 어느 날 깊은 잠에 들겠다.

모름지기

언어의 빈곤이 바닥을 보인 것은 생풀 먹는 우간다 아이들을 보고 나서였다. 먹을 것이 없어 아이들은 개미처럼 죽고 죽어갔으니 간신히 토해내는 지친 새 울음 같은 피 울음 속에 파묻힌 수없이 많은 말들을 꺼내 보듯 상상해 보는 일조차 내겐 도를 넘는 사치였다. 매일 시를 쓰며 진주를 물고 산 것이 무감했을 내가 울기에도 부끄러워 짠물을 먹었다. 가죽끈을 빠는 아이, 염소똥을 주워 먹는 어린아이의 기아. 누구의 잘못인지 무관심인지 지구 한쪽이 기우는데 세상이 나누지 못하는 저의가 땅바닥을 내려쳤다. 그 이후로 먹는 것 탈 없어도 조심스러워 말부터 줄였다.

사는 날까지
—까미노 블루

아차! 당연한 하루가 내게서
안개 걷히듯 사라지는 게 죽음이구나!
당연한 하루는 없는데 무가치하게 지나오며
속물이 되어 부끄러운 투정을 나열하기도 했다

아픈 왼쪽 다리가 정신을 뒤흔들자
다시 경건해지고 숙연해지는 건
내 몸에 종살이하는 나약한 나와 마주한 거다
나는 소녀처럼 아직은 여리고 순수했다

통증은 산티아고 15km를 걷고 난 것처럼
무겁고 지쳐 내 몸 하나 순례하기도 힘든 날
아직 덜어내지 못한 죽음의 무게가
등에서 다리로 내려가는 도중에
미완의 생을 둘러보게 했다

짊어진 짐은 연습이지만
막상 끝까지 가져갈 것은 내 손에 없다

아니 그 길 위에서 만났던 사람들이 주고 간
나머지 길만이 고맙게 남아 있을 뿐
잿빛은 보이지 않고 사라져 파랗고 경건한 하늘
누가 승리할 건지 하늘은 다 알고 있다

무하유(無何有)

때 묻지 않은 세상이 올 거라고
무상으로 바라지 말자
아니 끝까지 바라며 살자
어떠한 인위가 있다 해도 내가 시작한 과업
내장까지 이미 썩은 것은 아닐지도 모른다
사람에겐 사람 냄새나게 사는 사람이 사람답고
사람이 되는 일에 눈을 뜨자는 권유
닻별 하나 세워 가꾸는 생이나
더불어 가는 길벗의 노래를 대신 부르는 생은 거침이 없다
서로 동참할 기표를 망각할 리 없고
진리 안에 눈뜬 자의 공간
누구나 그 세계로 가고 있기를 기도하는 인간다움이
한밤중에도 자라고 있음이 분명하다

---

*무하유(無何有): 장자의 정신적 자연 그대로의 세계.

장마

햇살이 노오랗게 먼저 창문을 닦고
무거운 습기를 피하려 긴 머리도 묶는데

난세에서 살아 돌아온 나를 펼쳐보듯
아주 천천히 가다듬는 호흡
열 시간 반 동안 늘어졌던 육신을 일으킨다

지루한 장마는 근력과 신경을 괴롭히다
물소리만 푸르게 겨우 떠났는지

그날 저녁

함께 걸으며 뿌려놓은 발자국들의
오목한 시간까지 기억해야지
강요의 말들은 땅 아닌 지붕 위로
날아가길 바랄 때만 바람이 불었어야지
이곳까지 안 왔으면 모르고 살 뻔한 아픔들이
주머니 속에 고였다

낯선 곳에서 온 얼굴들이
하나둘 짐을 꾸려서 떠났다는 소식
나는 일주일 전부터 왔던 곳으로 간다고
돌아간다고 노래를 불렀지만
개굴개굴 개구리 합창에 영, 묻혀버렸다

작가마을 한 바퀴 돌다가
발자국 툭툭 털며 무심한 듯 걸을 때
그녀가 왜 그토록 나보다 한 수 위로 다가와
아무렇지 않은 듯
아픔을 토해 놓고 가버린 이유를 내가 모를까

여긴 아주 먼 곳 낯선 이들과 두어 달
한솥밥을 먹다가 떠나는 마지막 연극무대
어쩌자고 땡감을 삼킨 듯 목젖이 부어오르는지
그대들이여 부디 행복하시라
살면서 아플 때 전화 한 통 하라고
내 손잡고 글썽인 대책 없는 작가들이여!

그날, 눈물을 잠그지 못했다

별이 울었다는 말은 위안의 시작이라 하자
길가의 꽃들에게 아무 말도 들은 것 없다고
세상이 버린 말에 자책하지 않을 테다
사람이라서 들으려 했던 것에 노출된 만큼
들리지 않는 세계가 더 많다는 걸 말하고 싶었을 뿐
과하지 않게 세상을 읽어갈 뿐이다
위안의 눈물을 담지 못했다 해서
사는 동안 전부 위태롭지 않은 것
단순할수록 평화가 깃드는 축에 기대어
무슨 이유에서든 살아난 것들은
소멸을 거듭하며 무한 다음 생을 이어가지 않던가
듣고 생각한 대로 언어의 온도를 높이고
사는 사람이 드문 것도 시대의 허물
낙서 같은 무의미한 의미
듣고 싶은 말일수록 가까운 이들에게 먼저 하면
모든 말의 값은
내가 시작점이 되는 경우의 수가 옳다

조화의 힘

살 만한 듯 노래하고
노래하듯 사는 게 조화의 힘이다.

가을 한 자락 꺾이는 동안 구름도 나를 거두느라 엄마 앞치마처럼 연신 젖는다. 비 오면 더 큰 통증을 달고 일어나 걸어갈 힘을 발목에 모아도 잘려 나간 척추 근력을 대신할 수 없어 울어주는 새벽 비. 창가에 스민 통증뿐인 나를 너른 품에 해방시켜 놓고 노래하듯 기도하며 새 힘을 청한다. 나를 지탱하려는 것인지 한계를 이겨내려는 것인지 단단히 서고 싶은 간절함만 더 하는 시늉. 이 생각만 하면 와르르 쏟아지는 짠물에 얼굴이 일그러진다. 십자가를 불평으로 질질 끌고 가지 않으려 각인된 나. 감당할 수 있는 무게로 기도하며 지고 가는 것! 여기저기 어디 못된 곳 없나 찾다가 어제보다 더 깊숙이 부족한 어깨만 내민다.

어둠의 갈채

시간을 버무리는 순간
어둠은 잠잠해지는 것처럼 보인다
분리될 수 없는 서정적 잡목을 키웠다면
비유가 심란한 조어의 과정까지
상상력의 모든 질타를 곱절로 껴안은 기대

사람을 제대로 모르는 사람이 사람을 키우는 오류
반듯한 유형이 되기란 쉽지 않은 난간까지
낡은 에고의 객관화는 자기조절을 이기지 못해
어둠이란 빛을 건너지 못하고 허우적거리다
날 새는 일도 허다했던 것

기다림이란
자양분을 버리지만 않는다면
새벽은 어둠이 안고 오듯
단 한 줄의 문장으로 너를 여실히 새길 수 있어서
비언어적 태도는 스스로에게 보내는 갈채요
마지막 무지를 깨고 나온 배회의 빛이다

제3부

새해 자작곡

누가 나를 여기까지 데려왔을까?
내 안에서 나오는 음표의 소리를 듣고 있다가
호르륵 올라온다
해가 바뀌었고 해 뜨는 시간도 달라졌다
내 나이 끝자리 숫자도 서먹서먹한데
미완의 곡조가 입안에서 흘러나오고
여기까지 오기란 쉽지 않아선지
감사와 찬미가 구름처럼 퍼진다
이제부터 사랑받은 모든 것에서 나를 데리고
할 일을 찾으며 살아야지
매일 밤 끝 기도는 용기 내어 가볍고도 솔직하게
"오늘 밤 제 영혼을 당신께 맡기나이다"
아멘!

네순 도르마*

내 성대를 비벼서 올렸던 찬미
고음만큼 간절했던 기도를 회상하다가
아직은 잠들고 싶지 않아 세월의 그늘까지
사랑하게 된 지금
일어서기 위해 몇 번이나 들다가 잠든 밤

육신에 지지 않기 위해 귀를 세우고
성대를 최고로 올려 음가를 치는 순간
봄을 기다리는 나무와 새들이
한통속 되어 잠을 자러 가고
뜰에는 묘수처럼 설화를 장식해 주듯 피는 눈꽃

바람이 부려놓고 간 언어를 줄줄 엮어
꽃눈 키우는 계절이 오면
시는 여전히 쓰고 있냐고 안부 주시던 노시인도
저무는 노을 따라 영영 가시고
팥죽 먹는 동지를 어제 지났다고
혼자 중얼중얼

이만하면 내 세상도 살맛 나는 세상
가끔 아픈 일로 찬바람 몰아치고 살얼음 얼지만
인간의 위치에서 신의 체온을 느끼며 사는
살아야 할 이유가 죽어야 할 이유와 만나는 날까지
내 영혼아, 사람아
이제부터 다시 네순 도르마!

---

*네순 도르마(nessun dorma): 푸치니 오페라에서 칼라프와 투란도트의 사랑 테마곡. '아무도 잠들지 마라'.

이끼 서랍장

누가 보물상자를 감추듯
저 은밀한 세상을 키워놓았나?
누군가는 비꼬리이끼가 대감이끼라 했다
아무렴 어떤가?

청비단 이끼밭에 들어서니
몸 안에 낡은 것들이 연신 빠져나가고
은근한 사색은 꽃 보듯 덤

물소리 바위에 찰찰 날아와
물비늘 날리다 앉고
이끼 마을에 이주해 버리는데

서랍장 같은 가슴
심장 속으로 들락거리는 숨소리
더 품을 것이 있다면
썩어도 물이 되는 것들을 사랑해야지

작아서 보이지 않는 것들에게
지나온 타점 같은 이야기꾼이 된다면
어디를 간들 푸른 세상에 나만 혼자일까?

자신의 일생을 살기 위해
스스로 포자를 날려 보낸다고
내가 살다 간 자리가
그저 허술하기만 할까?

수상한 밤

저 하얀 천장을 독차지하고
아주 느린 속도로 기웃거리는 은밀함
삼 일째, 밤 열한 시쯤이면 내 관찰 카메라에
포착되는 그것
나를 보고 있는 건지
내가 보고 있는 건지
이 상황을 전혀 원하지 않았는데
지금 방안에 움직이는 생명체는 나와 그것, 뿐이다
분명 침대에 누워 있는 나를 보았을 것이고
나 또한 그것의 동선을 살피며 살벌한 동거 중
잦은 출현은 허술한 외벽 구조물 때문일 터
방안이 살 만한 공간이라는 유추로 위안해 본다
미물에 대해 퍽이나 후한 대접을 하듯
살생의 마음은 전혀 없다
잠시 후 다시 천장을 보니 녀석 잠자러 가고 없다
나도 그만 눈을 감고 가지런히 두 손을 모으고
슴슴한 기운을 지우려 뒤척인다
내일 저녁엔 오지 않겠지? 다시 눈이 휘둥그레진다

율마

사람이라서 예리한 걸까?
이끼 향 같은 위로를 작은 식물이 준다
꽃가위 든 손이 부끄럽게도
쓰삭쓰삭 스칠 때마다
레몬 향이 나니 희한한 일

열흘씩 집을 비워도 찌푸리지 않고
잎은 가슬가슬하지만 뿜어내는 향기는
사람이 주지 않던 마음이라
저 아이들과 어우러져 사는 것

우연히 찾아온 그들에게
가족을 만들어 주고 싶은 마음 하나
늘리지 않겠다던 스스로의 약속
못 지키면 큰일 날까?
오래 보듬고 말하고 싶은 날
가만가만 쓰다듬다 들어왔다

꽃의 비밀을 만지다

지상의 꽃밭을
천상의 화원이라 여기며
토종오이 다섯 개 토실토실 따서
누구와 나눌 생각에
토끼 손끝이 야무지게 번득인다

다시는 천 길 위를 오르는
꿈을 적지 못해도
슬퍼하지 않을 생, 오이꽃이 별꽃이라며
몇 번이고 가서 보고 외치는 허풍에
내 어머니 귀만 아플 지경

추명국이 지지도 않았는데
은근슬쩍 구절초가 입을 열다
석산이 불화살처럼 올라오자
구름솔체가 주저앉아 반기고
부지깽이나물도 제 꿈 보따리 후하게 푼다

어디 다른 것을 꿈이라 하겠는가
일 년을 기다려 만나는 꽃들의 가을
앞자락만 펼치면
세상을 다 품고도 넘친다는 말
거짓이 아님을 알게 된 여자의 말에
스무 해 넘게 속고 산다

그 남자

 가을은 그렇다. 가을엔 하늘도 땅으로 내려와 비단길이 된다. 들판을 온몸에 두르고 산빛으로 머리를 감고 먹을 것 걱정 없이 길을 나서면 세상 사는 시름도 없다. 그 남자만 아직 허둥대듯 출근하고 인생이 매일 출근이다. 무심히 허술하게 정신을 쉬게 하고 출렁이는 바다를 눈앞에 두고 앉아서 갈매기만 보아도 돌아올 땐 빈손이 아니더라. 다시 올 거란 생각을 주워 담고 지나가는 가을 여자로 만들어 주는 용기 있는 그런 사람. 그래도 당신이 있어 내가 산다고 전화기에 말하고 식은땀 줄줄 흘리며 저녁잠이 들었다.

위로

비가 그치기를 볼메게 기다렸다
이슬 몇 모금씩 나누어 마시고 자란
천인국이 갑자기 애교를 부린다

서로서로 꽃이 되도록
도와주고 있는 게 눈에 보인다
키가 크지 않아 지나칠 뻔
태양 꽃인 양 휘돌아 가며 핀다

천인국 앞에 가서 북을 돋워주고
너는 너의 빛을 잊지 말라고
아껴둔 말을 처음으로 해주었다

언제부턴가
꽃이 나를 위로해 주다가
다독여주기까지 하는 것을
내가 냉큼 모를 리 없다

문장의 진화론

차마 말할 수 없는 것들은
시간이 지나면 잘 뜯어지는 벽지처럼
흙냄새가 났다

거꾸로 써보기도 하고
줄 바꿔 오가기도 했지만
지나온 시간은 의지의 하늘 아래
기다리는 순항의 오늘

반짝이는 별을 따올 수는 없었지만
별을 바라볼 수는 있었기에
무한궤도를 따라가
지구의 성녀처럼 거룩한 침묵도 살았다

모두를 만족시킬 수 없다는 건
그럴 필요가 없기 때문
고통을 맛보려는 자는 어디에도 없어
더 일찍 돌아올 수 없었다

빌려온 문장이 되기 싫어
너의 인내가 문장이 되도록
밤새 세상을 적신 것을 깨달을 때까지
가을비만 폭우로 다녀갔다

밤이 다 젖고 나서야
단단한 것들이 한 꺼풀씩 벗겨져 내렸다
색들이 순해지고 하늘은 더 깊어지고
나의 문장은, 붉은 수수밭을 지나서
길 위로 날아올랐다

안도

골수를 따르듯
허풍스런 말 잔치를 거두고 싶었다

뒤집어 입지 않는 겉옷을 들고
솔기까지 보여줄 필요는 없다
늑골까지 통점을 지나는 시간을 건너와서일까?

살아 있으므로
이제부터 생은 유별나게 찬란해지고
인간 세상에 시와 사람이 동시에 왔다 가고
남아 있는 하얀 기억들까지
자유로운 해방 신호를 보낸다

들고 갈 것이 없는 손을 문지르며
두 손을 모으면 나를 향해 퍼 올리던 남은 수액이
가을로 가을로 높이 자란다

몸이 보낸 신호를 겨우 알아차리고

애써 미안해하며
이제야 멈출 수 있게 된 것도 고마운 신호라서
여정은 아직까지 다행성에 있다

당당한 착각

자신 있게 말할 수 없으면
착각은 위험 신호거나 경계
남들이 날아가는 것처럼 느껴질 때
나만 제자리인 사람은 없다

그가 가진 세계 안에서
누릴 수 있는 점화는 밝은 것
어둠 속에서 어둠만 보는 사람이 있고
빛을 보거나 자신을 보는 사람도 있다

드러나는 가치만 가치가 아니듯
보이지 않는 가치를 소유한 사람이
더 오래 기억되는 오묘

가령, 빌딩 숲을 버리고
나무숲에 든 사람처럼
자신이 원하는 곳에 뿌리를 심고 살면
거기가 꽃피는 안식처이겠다

우리가 살아야 한다면

시대의 아픔을 사는 사람들 속에
풍요는 어떤 의미가 있는가?
갈망하는 것을 얻기 위하여
소망을 품는 사람들이 와르르 울 때
결핍은 또 어떤 상실을 채우길래 간절한가?

전염병이 인류의 발목을 잡고
생사를 쥐고 흔들어
벌벌 떨게 하는 시대의 위기
무엇으로 이 고난의 무게를 감당할 것인지

자꾸만 흔들거리는 사람들
아파 우는 사람들
그래도 우리는 살아야 하기에
저 하늘을 의지하고 서서
세상을 지키고 사랑하며 살아갈 것 아닌가?

위로가 되는 말

1.
덤덤한 것들은 무덤덤한
늪지의 가장자리에서 오고
건조한 것들 사이에 자라나는 뿌리들이
우리의 일상을 다독여줄 때가 있다

지금 보이지 않는다고 없어진 게 아닌
마음 한 움큼 쥐고 살 수 있는 것도
태풍보다 약하지 않아 첫 장면이나
가장자리는 늘 푸르게 장식되어 있다

열어 볼 수 있는
파도의 벽이 자꾸 세워지고
상처라고 부르지 않아야 끝이 없거나
이해는 모순의 벽을 손본 것이지만

익숙해질수록 상대 쪽보다
내가 나를 모르게 되는 것

어느 날 주름진 손을 매만지며
엄마 손을 잡은 듯 내가 고맙고 반갑다

2.
신지 않은 양말을 꺼내
쌓여가는 군더더기를 덜어내 본다
세상과 내가 그렇게
사람과 내가 점점 자신 없기도 하여
멀어지려 할 때

대처 능력보다 회피가 편해지는 나이
답답한 것도 없는데 질문이 늘어간다
이럴 땐 혼자 듣는 마샬의 음악이
첼로 향으로 나를 쉬게 둔다

장맛비에 어리석었던 마음도
햇살에 꺼내어 말리고
모든 무심도 바싹 말려서

나에게 다시 묻기로 한다
"너 그대로, 괜찮은 거지?"

3.
심은 지 5년쯤 되었을까?
잎이 무성한 자작나무를 보고 있었다
잎새가 하르르 흔들릴 때마다 시를 썼다
이해하면 너무 아파
외면하던 것들이 푸드덕 올라온다

언젠가는 작은 후회라는 꼬리표가
붙을지도 모르겠다
착함을 빙자로 선의를 꿈꾸는 사람들
진실을 앞세워 상처를 유도하는 때

내가 불안하다고 느낀다면
그것은 순전히 나 때문이다
아무도 위로가 되지 않는다면

지금 나는 혼자 섬살이 중이다

4.
나무는 모여 살고
사람도 모여 살지만
저마다 자기만의 외피와 색깔로 된
집을 짓고 산다
멀리서 본 것으로 하나가 된 듯
섣불리 말하지 말자

작은 돌멩이를 줍는 시간은 짧지만
담을 쌓는 데 걸리는 시간은 길다
당신이 어디서든 살아 있는 지금은
암만 생각해도 기적이다

미달

변해가는 얼굴만 나인가 싶어
들여다보다가 정말 늙어 죽지 말아야지
겁 없이 살겠다는 것도 아니었는데
겁도 없이 살았구나 싶다

때로는 철없이 살기도 철없었는데
순수를 잃지 않고 살기란
더 어려운 불순물이 돋아나
끈질기게 나를 젖게 하더라

지구별 여행자는 함량 미달인 채로
작은 것 하나씩 기쁨을 만나며 살고 싶었고
더는 좋아질 기미 없는 거죽을 입고도
매일이 새로운 이 느낌은 대체 무언가

사는 자리 나비처럼 둘러보니
이 집에서 제일 오래된 유물이 되었을 뿐
따라온 것들이 삼십 년을 훌쩍 넘었으니

조금 더 닦으며 살다 보면
이유 있는 조건 미달은 되겠다 싶은데

매일 부리를 단련하는 새처럼
유리문을 데우는 농익은 가을 햇살
두 눈이 감기는 게 생각까지 미달인가 싶어
여기서 멈춘다

커튼콜

밖을 보기 위해 커튼을 열자
숲이 움직인다
너는 새보다 뾰족한 부리도 없지만
먹이를 찾듯 무작정 두리번거린다

밖을 장식한 사물이 요람처럼
너의 날숨을 재우고
거듭 진정되지 못한 갈등을 일으키다
너와의 거리는 변수가 있는 만큼 주춤거린다

지척이다가 수만 리 먼 곳까지
산에서는 붉은 잎들이 아우성치지만
내려와선 은행나무만큼 아늑한 빛깔도 없다

옆으로 내려진 커튼 자락을 보고 있다가
문득, 허술해진 무대 난간에 새처럼 앉아
세상이 초록으로 웃을 수 있게
순하게 귀를 연다

바닷속을 처음 들여다볼 때
공포와 생존 사이가 차오르며
갑자기 떠오르지 못할까 봐
미묘한 감정이입을 숨겨야 할 때도 있다

실과 바늘이 만나 꽃다리를 건너듯
함성으로 다시 술렁이는 이면들
숨 고르기 하고 한 끼 얻어먹고 가는 길고양이도
안다는 듯 박수 소리 들려온다

별의 눈물

적화가 꼬물거리듯 피기 시작인데
시린 발목을 지나 마음까지 춥다
집 나간 것들은 지금 헌 옷을 입고
해진 바람 속 나처럼 춥겠다
이제 소리 나는 것들은 멀찌감치 걸어두기로 한다
지금 불행한 사람이 없기를 바라며
허공을 불어 어둠을 밀어낸다
아득하지만 세상에 착한 사람들을 기다리는
별들의 환호가 떨어지는 밤
깊어진 그리움도 하루만큼 더 자랐다
사람의 내면에 나를 심는 일이나
한 조각 진심을 얻는 일에 실증을 첨가한다
가을엔 사람에게서 떨어져 나오는
냉철한 이기심을 살기로 한다
사과 한 입만큼 정신 나게 하지 않는 일로
세포를 늙게 하지 말자
지나간 시간은 허비 없는 사랑의 눈물이었다

제4부

어느 나무 이야기

한 그루 꽃 피는 나무가 있었네
그 나무 세상에 뿌리내린 이후
스스로 꽃도 되고 열매도 되었다가
가을이 오면 잎사귀마다 꽃물 들이고
누군가 시처럼 서둘러 걸어오기를 기다렸네
어느 날은 차르르 잎을 내려놓고
몽롱하게 겨울잠에 시름없이 빠졌네
이듬해 봄, 조금 더 크게 자라서
큰 가지 나풀거리며 여름 그늘 만들었네
사계를 살아낸 나무 곁으로 새들이 둘러앉아
세상 돌아가는 이야기를 물어다 주었네
세찬 바람이 흔들어 가지를 꺾어도
나무는 세상을 이기려 하지 않았고
사랑하는 가지만 널찍이 키웠네
나무는 자신을 사랑하는 길이 무엇인지
끊임없이 노래 부르며 그 자리를 지켰네
태양이 세상을 지키는 이유처럼
뜨거운 심장 달고 그 자리를 지켰네

돌멩이 수프

쓴 게 아니라
받아적은 것이라 해도 안 믿는다
그저 돌멩이 넣고 물만 끓이고 앉아 있었다
단풍잎도 좋고 향채도 좋고 궁채는 더 좋고
넣어주는 대로 받아 수시로 끓였다

감칠맛 나는 국물 요리가 되기도 하고
식감은 따질 것 없이 좋은 나물들
가끔은 입맛을 환기하듯
바삭한 새우튀김이 완성되기도 했다
놀라운 일이다

에펠탑 효과처럼 더러는 내 시야에서
거슬렸던 풍경을 인정하게 된다
내세울 건 없는데
좋아했던 음식처럼 입맛이 당긴다

시는 내 의지대로 쓴 것보다

누군가 툭툭, 넣어준 게 맞다
한밤중 서리를 녹여 내리는 겨울비처럼
고스란히 그릇에 담겼다
빈번히 새벽에 일어나 다시 끓이는 건
내가 살아가는 힘이고
내 몫이 커져 가는 고마운 이유다

겨울 창밖은 푸르다

밤새도록 흔들림이 느껴졌다
저 바깥세상과 나를 투영하는 유일한 관계
앞산에 쌓인 눈, 바람의 심술을 따라가다 돌아온다
다 털어내서 매달린 것 없어 보였는데
푸릇한 것들이 웅얼거리는 소리가 들린다
눈 내린 아침 해 뜨기 전은 시리다 못해 푸른 도포 자락
아무도 만지지 않은 은반 위에 내 눈동자만 지나간다
날아가는 새의 날개도 보이지 않는다
춥다고 기죽지 말고 풍경으로 들어가 보리라
마음 다잡고 허리 곧게 펴고 일어나
창 안쪽에서는 내가 나무이고 꽃인데
그걸 잊으면 안 된다 다짐부터 길게 하고
어제보다 더 애틋해서 달콤한 수액이 차오르겠다

그네

볕 좋은 날엔 그네에 앉아
공부하듯 책을 읽다가 먼 산도 보고
누가 오면 제일 먼저
시담의 그네라고 아이처럼 말해 줬다

수년이 지나 전 같지 않아도
지워진 화장을 고치듯
산뜻하게 색을 칠하고
지붕도 바꿔주니
내 옷 산 것보다 더 좋고
괜스레 편해졌다

그네에 앉으면
동심의 나래가 펼쳐지는 묘수
아직 시작하지도 않은 소녀의 첫 꽃잎처럼
가슴에 푸른 별이 연실 뜬다

계곡을 지나는 달

별자리를 찾아가듯
사막을 지나
오아시스 골짜기에 다다르듯
구름이었다면 흘러갔으리라

귀한 것은 늘 먼 곳에 있거나
손에 닿지 않는다고
척박한 내 영혼은 신의 손을 잡고 가고 있다

지는 해를 보기 위해서가 아니라
정작 나를 바라보기 위해
발끝이 닿은 곳에서는
볼 수 없는 것을 보려고

예정된 시간은 내 마음속 별자리
현시를 보여줄 테니
남십자성를 알현하듯
네 개의 별을 정하고

나는 너의 별자리로 이동할 거다

고개만 들면 우르르 쏟아지는 별
밤을 기다리는 느린 지구인 하나가
저녁 산책을 마치고
달의 계곡으로 떠난다

구상나무에 걸린 기도 한 줄

나무를 보는 시선은 마음과 닮아 있어
흐름을 놓치지 않으려 하니
순간을 보는 힘이 자랐으리라
아이가 커가며 어른이 되어도
아이의 눈으로 보고자 했던
사물의 외피는 내면으로 옮겨갔다
크리스마스 오너먼트를 꺼내어
옛날을 걸어 보기로 했다
예쁜 마음으로 하나하나 만들었던
젊은 날이 도란도란 반짝였다
그렇게 묻어가는 나를
구상나무 아래에서 만나고
밤하늘 별들이 내려오도록 기다렸다
가슴속이 군밤처럼 따뜻해졌다
아기 예수님 구유도 모셔다 놓았으니
온천지 평화가 뜰 안에 차곡히 흐르겠다
12월의 기도는 모든 이의 구원을 위함
어서 임하소서 아기 예수여!

상처 말리기

생각을 쉬고 싶을 때
누군가 그랬다
상처에 덧나지 않게
말없이 말을 들어주라고
또 누군가 그랬다
상처는 덜 받은 사람이
먼저 싸매주는 게 사랑의 약이라고
그랬더라면
아마 나는 상처의 대비마마가 되었을 텐데
그런 나는 어디로 갔나
상처가 나를 알아본 순간부터
나는 상처의 노예였으므로
"상처야 고마워! 잘 견뎌줘서……"
이 가을 더듬이도 없는 상처가
바스라기꽃처럼 소리를 낸다
상처야, 이 가을 잘 쉬고
번듯하게 떠나가렴

누가 빙하를 녹이는가?

꽃이든 사람이든
맞서지 말아야 향기 난다는 말

꽃을 보고 질투할 필요가 없는 것처럼
꽃을 향유하지 못하는 사람의 겨울은 어둡고
향기가 나던 곳에 멈추어 봄을 만나
세상을 사랑할 시간을 가질 때

지구 끝까지 아름답게 보는 마음이면
당신은 이미 귀한 꽃의 모성
녹아내리는 빙하는 북극의 눈물이요,
탄식 같은 것

사람만이 드러내는 본색이 이런 결과던가

통점을 아는 자만이
고통의 이유를 안다고 했다

나는 이제
누구도 원망하지 않기를 기도하는 한 사람

내가 보이는 그림

내가 없는데 내가 보입니다
이 말도 안 되는 생각에 매달려
또 하루를 살았습니다
그러면 어떻습니까
내가 보인다면 보이는 것을 말할 뿐입니다
지금부터 그림을 그리겠습니다
상사화 잎이 어제보다 더 커졌습니다
올여름 푸른 잎 다 지고 나면
새악시 분홍 입술로 마주 보다가
입맞춤 실컷 해줄 겁니다
수선화도 꽃심 물고 눈인사 건넵니다
꽃 잔치 차려놓고 나 혼자 호들갑 떨겠습니다
이만하면 봄 그림이 완연해집니다
세상에 와서 잘한 일 중에 꽃 심고 살아본 일
놀랍고 기특합니다

그리움이 된다는 것

내가 남긴 흔적들이
누군가의 그리움이 되겠지
이런 생각을 하면
눈가가 먼저 동그랗게 젖는다

아직은 아니지만 다짐해 두는 말
나이를 세며 초라하지 말 것과
지혜가 깊어져 반듯하게 늙어가는
그리움이 될 것

그래,
언젠가 누구한테 그리움이 된다는 일은
내가 두고 갈 커다란 기록이자 추억
시작과 끝이 맞물려 가듯
마지막에 울리는 종소리가 될 것

묵은 시절

뒤틀린 마음 닦으러 나왔는데
잘 익은 생각이 차오르지 못하고
고인 빗물을 참외 몇 포기에 부어주니
조금 전까지 불편했던 뇌에
혈류가 무난한 듯 사라지는 무거움

나부터 무릎을 가지런히 모으고
어릴 적 친구와 놀다가 늦게 돌아와
조마조마하며 저녁 밥상에 앉던 나를
간신히 데려와 같이 앉는다

어른이 되면서 판단하고
지적하고 자르고 가르치다가
정작 순수를 잃어버렸을지도
나는 어른이지만
어른이 싫은 것도 고질병 중 하나

이럴 땐 염치없지만

명신 언니네 자두가
모자란 나를 다독이기에 최고
손등을 펴고 배웅하는 늦가을
세포들만 다시 살맛 났다

가을살이

　혼자 어디를 간다는 것은 두렵거나 포기하는 게 일 순위일까? 한 생이 이불 홑청같이 펄럭이며 투닥거리며 뒤로 가는 시기는 누구에게나 있겠다. 세상의 언어에 의지하지 않고도 그분을 만나는 시간은 황홀경. 어느새 풀냄새는 말라가고 가을이 깊어져 가지만 근원을 모르는 싱싱함은 욕심 섞인 금기가 아닐까? 아주 오랜만에 물감을 짜고 산수국을 그렸다. 끝내 혼자 먼 여행을 떠나는 것은 나에게 주어진 마지막 배려요, 초대이기에 벌써 그런, 이야기한다고 밀어내도 살짝 친구에게 귀띔해 준다.

늙은 밤나무의 말

나를 흔들지 말아줘
늙으니 어지럼증이 심해 쓰러지겠어
제발 나를 장대로 후려치지 말아줘
너무 오래도록 맞았더니 주저앉고 싶어
나를 발로 차지 말아주겠니?
성한 데가 없어서 서 있는 게 버거워
나를 제발 맘대로 꺾지 말아줘
더 이상 꺾이다간 바람 따라서 아주 갈 것 같아
지금까지 내가 한 말은 너를 위한 말이었어
나는 더 이상 버틸 힘이 없어졌어
내년 가을까지 갈 용기가 없어
이제 돌아가서 쉬면 안 될까?

여행의 반전

당신이 가고 싶은 곳에
닿을 것이라는 생각을
뭉뚝하게 잡지만 않는다면 좋겠어요
먼지 묻은 낡은 신발도
왕후의 비단구두처럼 신고
반드시 제자리로 돌아올 테니

어느 날 바람은 심장을 먼지로 돌려보내겠지만
그때까지 본래 하나의 형상도 없이 사라질 것들을 쥐고
떠도는 애착을 내려놓을지는 모를 일이지만

말로는 돌아오기 위해 떠난다는
안도의 말도 나직이 접고
지구별 한 모퉁이에서도 본심은 며칠 지나
다시 떠나고 싶어 울렁거리겠죠

왜 자꾸만 떠나고 싶은 것인지
문제는 이곳에 두고 앓고 있는데

모르는 땅에서 무언가 해결하고 싶은 당신이
진정 닿고 싶은 그곳은
어쩌면 지구별이 아닐지도 몰라요
그러니 자꾸 공전하는 것이겠지요

누워서 쓴 시

기를 쓰고 버티려 하지 않았다
종아리가 아픈 건
몸속에 혈관이 있다는 인체 구조학적 원리이고
살아 있다는 확신으로 재해석했다
언제나 와상인 채로 시를 쓰고 읽어도
이 뜨거운 적막 앞에 무너지듯 데이지 않았다
나의 시간들은 이제부터 활활 지펴질 테니
쓰러지지 않을 기색으로 무차원의 세계를 향해 지냈다
글자들을 일으키는 간곡한 눈빛과
더럽혀지지 않은 천장에 출렁이는 흰 파도가 있어
결코, 얼지 않는 부동항이 되었다
그러니 겨울이 와도
나의 와시(臥詩)는 침상 위로 별처럼 쏟아지고
뜰 항아리 그득그득 담겨질 게 분명하다

해설

자연에의 동화로 사물의 숨소리를 듣는 시 정신

이영춘(시인)

1. 자연과 교감하는 순수성

지시연 시인은 2022년 대서사적 시 『무지개 심장』이란 시집을 상재했다. 제목에서 암시하는 대로 가히 우주적인 소재들을 다룬 시집으로 이목을 끌었다. "아침에 떠오른 심장은 태양이라고 해" "태양은 종일토록 세상을 향해 일을 하지"에서 '태양'을 사람의 '심장'으로 의인화하여 하루의 일과를 마치고 돌아가는 이미지로 형상화하고 있다. 광대무변한 발상이다. 그리고 그 광대한 '태양'을 우러러 "나는 언제쯤이면/저 무언의 대서사시를 읽어 내릴까?/언제쯤이면 작은 노을빛이라도 가벼이 걸치고/그토록 원하던 분께로 안기는 내가 될까"라는 표현으로 멀고 요원한 신비의 세계에 도달하기를 원하는 심상을 그려내고 있다. 그 심상의 중심에 있는 '그분'은 신의 존재일 수도 있고 어떤 이데아를 은유한 이상향일 수도 있다. 지시연 시인은 이렇게 현상적이고 일상적인 것을 통하여 심오한 심미적 세계와 신의 세계를 지향하는 시인이다.

이번 시집 『오독을 지우는 새벽』도 『무지개 심장』의 연계선상에 있다고 인식된다. 자연과의 친화에서 우주 천체의 숨소리를 듣고 그 숨소리 속에서 '나'를 발견하고, 진리를 발견하여 대자연과 우주질서를 통찰하여 자신의 정서와 동일체를 만들어 가고자 하는 것이 지시연 시의 요체이자 미학이다.

오드리 로드는 "시를 쓴다는 것은 사랑을 나누는 것과 같다."고 했다. "사랑한다는 것은 우리 중 일부가 사랑받을 만한 존재가 아니라고 판단하는 세계를 거부하는 것이다. 시는 이름 없는 것들에게 이름을 부여함으로써 그것을 사유하게 하는 것이다."라고 역설했다.

지시연 시인이 이렇게 자연 친화적인 정서에 몰입하게 된 것은 우연의 일치가 아니다. 지시연은 근 20년 이상을 원주 치악산 자락의 끝 동네에서 온갖 야생 풀꽃들과 산새들, 나무들과 함께 살고 있다. 아침이면 산등성을 타고 둥그렇게 떠오르는 태양의 '붉은 심장의 숨소리를 듣고 "저녁때면 노을이라는 2음절에서 엄마 품속 같은 온기를 받으면서"(「독백의 시작」, 『무지개 심장』) 살고 있다. 이렇듯 지시연 시인이 닿고자 하는 최고의 이상향은 자연이고, 그 자연 속에서 자연과 더불어 살아가고 있다.

2. 지시연 시의 경전

법정 스님의 경서 「봄春, 여름夏, 가을秋, 겨울冬」에 이런 구절이 있다. "사막에서 수행하던 안토니오 교부는 말했다. 내가 신의 책을 읽고 싶을 때는 그 책은 언제나 내 앞에 있다. 대자연이 곧 그 책이니까." "그런가 하면 회교 신비주의를 세상에 소개한 하즈라크 이나야트 칸은 말했다. 세상에는 유일하게 신성한 경전이 있다. 그것은 '자연'이라는 경전이다. 이것만이 독자에게 깨달음을 줄 수 있다."고 역설했다. 그렇다. 지시연은 이 경전, 즉 자연에서 숨 쉬고 사색하고 은총을 받고 최종엔 자연을 다스리는 신의 품 안에 들고자 하는 이상향을 지향한다. 그래서 그는 무구(無垢)하고, 그의 시는 순수하기만 하다.

> 나무를 보는 시선은 마음과 닮아 있어
> 흐름을 놓치지 않으려 하니
> 순간을 보는 힘이 자랐으리라
> 아이가 커가며 어른이 되어도

아이의 눈으로 보고자 했던

사물의 외피는 내면으로 옮겨갔다

크리스마스 오너먼트를 꺼내어

옛날을 걸어 보기로 했다

예쁜 마음으로 하나하나 만들었던

젊은 날이 도란도란 반짝였다

그렇게 묻어가는 나를

구상나무 아래에서 만나고

밤하늘 별들이 내려오도록 기다렸다

가슴속이 군밤처럼 따뜻해졌다

아기 예수님 구유도 모셔다 놓았으니

온천지 평화가 뜰 안에 차곡히 흐르겠다

12월의 기도는 모든 이의 구원을 위함

어서 임하소서 아기 예수여!

―「구상나무에 걸린 기도 한 줄」 전문

   제목에서 암시하는 바와 같이 나무 한 그루에서도 내면화된 기도문을 발견한다. "진실로 너희에게 이르노니 너희가 돌이켜 어린아이들과 같이 되지 아니하면 진실로 천국에 들어가지 못하리라."(마태오복음 18장 1절)는 성경 구절과 같이 이 시에서 화자는 "어른이 되어도/아이의 눈으로 보고자 했던/사물의 외피는 내면으로 옮겨갔다"고 그 순결한 마음과 순수성이 어느새 내면화되었음을 진술한다. 이 시는 마치 워드워즈의 「무지개」를 연상케 한다. "하늘의 무지개를 바라보면 내 가슴은 뛰노나/내 어리던 날도 그랬고/지금도 그렇고/늙어서도 그렇게 되기를 바라노니/아이들은 어른의 아버지!"라고 노래한 이 순수성! 우리 인간들은 세상이라는 큰 바다를 건너면서 아이들과 같은 이 순수성을 잃으며 살아간다. 그래서 세상이 사악해지고 죄가 난무한다. 이런 현상으로 세상을 읽을 때 지시연은 자연에 살면서 그 순수성과 함께 그 순결성을 지향하는 시인이다. 이 얼마나 아름다운 지성이며 시 정신의 기도인가! 「내가 보이는 그림」에서 지시연 시인은 또 이렇게 노래한다.

> 내가 없는데 내가 보입니다
>
> 이 말도 안 되는 생각에 매달려
>
> 또 하루를 살았습니다
>
> 그러면 어떻습니까
>
> 내가 보인다면 보이는 것을 말할 뿐입니다
>
> 지금부터 그림을 그리겠습니다
>
> 상사화 잎이 어제보다 더 커졌습니다
>
> 올여름 푸른 잎 다 지고 나면
>
> 새악시 분홍 입술로 마주 보다가
>
> 입맞춤 실컷 해줄 겁니다

수선화도 꽃심 물고 눈인사 건넵니다
꽃 잔치 차려놓고 나 혼자 호들갑 떨겠습니다
이만하면 봄 그림이 완연해집니다
세상에 와서 잘한 일 중에 꽃 심고 살아본 일
놀랍고 기특합니다
—「내가 보이는 그림」 전문

"내가 없는데 내가 보입니다"라는 것은 자연과 일심동체가 된 형상화다. 사물 속에서 '나'를 만나고 '나'를 볼 수 있다는 것은 물아일체의 심상이다. 시인은 이런 동화의식 없이는 자연과 동체가 될 수 없다. 이 동체 속에는 세상 만물에 생명을 부여한 신의 숨결이 작용하기 때문이다. 자연 앞에서, 모든 사물 앞에서, 이토록 경건한 마음의 자세를 갖는 시인이야말로 천생 시인이라 하지 않을 수 없다. 자연과 함께 자연에 동화되어, 그 자연에 순응하면서 사는 지혜를 나무와 사물, 혹은 어떤 대상에 비유하여 쓴 시를 좀 더 감상해 보자.

한 그루 꽃 피는 나무가 있었네
그 나무 세상에 뿌리내린 이후
스스로 꽃도 되고 열매도 되었다가
가을이 오면 잎사귀마다 꽃물 들이고
누군가 시처럼 서둘러 걸어오기를 기다렸네

어느 날은 차르르 잎을 내려놓고

몽롱하게 겨울잠에 시름없이 빠졌네

이듬해 봄, 조금 더 크게 자라서

큰 가지 나풀거리며 여름 그늘 만들었네

사계를 살아낸 나무 곁으로 새들이 둘러앉아

세상 돌아가는 이야기를 물어다 주었네

세찬 바람이 흔들어 가지를 꺾어도

나무는 세상을 이기려 하지 않았고

사랑하는 가지만 널찍이 키웠네

나무는 자신을 사랑하는 길이 무엇인지

끊임없이 노래 부르며 그 자리를 지켰네

태양이 세상을 지키는 이유처럼

뜨거운 심장 달고 그 자리를 지켰네

—「어느 나무 이야기」 전문

인용 시에서의 '나무'는 어느 한 사람이 꿈꾸던 이상향에 뿌리내린 고귀한 여정을 의인화한 작품으로 미학적 세계가 눈부시게 암시된다. "한 그루 꽃 피는 나무가 있었네/그 나무 세상에 뿌리내린 이후/스스로 꽃도 되고 열매도 되었다가/가을이 오면 잎사귀마다 꽃물 들이고"와 같이 계절의 순환에 따라 나무의 의무를 다하고 본분을 다하는 생명 의식, 직분의 의식으로 비유된다. 가장 아름다운 비유는 "사계를 살아낸 나무 곁으로 새들이 둘러앉아/세상 돌아가는 이야기를 물어다 주었네/세찬 바람이 흔들어 가지를 꺾어도/나무는 세상을 이기려 하지 않았고/사랑하는 가지만 널찍이 키웠네"라는 심미적 감각적 표현이다. 그리고 "태양이 세상을 지키는 이유처럼/뜨거운 심장 달고 그 자리를 지켰네"라며 숭고한 자연의 섭리를 신의 정신으로 승화시킨 시적 미학이 절창으로 이뤄져 있다.

이렇게 지시연 시인은 자연물을 통하여 시적 미학의 우주적 신의 숨소리를 듣기도 하고 신과의 조화를 꿈꾸면서 그 자연물에게 생명을 불어넣는다. 고요한 듯 우주를 흔드는 정중동(靜中動)의 시맥이라 할 수 있다. 이런 시맥은 「겨울 창밖은 푸르다」에서 눈 속에서도 "푸릇한 것들이 웅얼거리는 소리"를 듣기도 하고 "어제보다 더 애틋해서 달콤한 수액이 차오르는" 소리를 듣기도 한다. 일찍이 쇼펜하우어는 "사물의 목소리를 듣지 못하면 그는 더 이상 시인이 아니다."고 했다. 쇼펜하우어의 말과 상통하고도 남는 시인이 바로 지시연 시인이다. 「가을살이」란 시에서는 이렇게 노래한다.

혼자 어디를 간다는 것은 두렵거나 포기하는 게 일 순위일까? 한 생이 이불 홑청같이 펄럭이며 투닥거리며 뒤로 가는 시기는 누구에게나 있겠다. 세상의 언어에 의지하지 않고도 그분을 만나는 시간은 황홀경. 어느새 풀냄새는 말라가고 가을이 깊어져 가지만 근원을 모르는 싱싱함은 욕심 섞인 금기가 아닐까? 아주 오랜만에 물감을 짜고 산수국을 그렸다. 끝내 혼자 먼 여행을 떠나는 것은 나에게 주어진 마지막 배려요, 초대이기에 벌써 그런, 이야기한다고 밀어내도 살짝 친구에게 귀뜸해 준다.

—「가을살이」전문

고요한 침잠의 사유로 자신을 되돌아보는 심상이다. "세상의 언어에 의지하지 않고도 그분을 만나는 시간은 황홀경"에 이른다. 문득 릴케의 「가을날의 기도」처럼, 가을 잎사귀와 같이 외피적인 것을 훌훌 다 털어내는 듯, 관념적 이미지가 서늘하게 다가온다.

3. 무하유(無何有)의 시

우리는 가끔 시는 왜 쓰는가 또는 왜 써야 하는가를 자문하기도 하고 타자에게 묻기도 한다. 지시연 시인은 오로지, 아니 오롯이 신을 향하여 경배하듯 자연과의 교감에서 삶의 지혜를 얻고 사는 법을 배우고 순응하기 위해 시를 쓴다고 하겠다. 그 자연 속에서 '늙은 밤나무의 말'을 듣기도 하고 '꽃의 비밀을 만지'기도 하고 '비의 언어'를 듣고 '꽃의 지문'을 읽어내면서 자연과 함께 '무하유(無何有)'의 세계를 지향하는 자세로 시를 짓고 노래한다.

>스무 해 동안 한 여자가 만진 그것
>생계 수단이었다는 것을 시 쓰다가 덥석 깨달았다
>내다 판 것도 없는데 맛있는 찬에 밥 잘 먹고
>약간의 허세도 자신에게 부리며
>꽃바구니 들고 원피스 앞치마 입는 날이면
>어떤 왕비도 부럽지 않았다
>흙손이 되는 날은 그런대로 힘을 모아
>향기롭게 안부할 꽃들이 여자의 속내를 알기에
>참으로 온 마음 다해 가꾸었다
>나비와 새들, 반딧불이 날아오고
>다람쥐까지 찾아와 꽃잎 사이를 오갈 때면
>배가 부르도록 포식하고 단잠에 들었다
>아, 이젠 웅크리고 누워
>꿈만 같았던 시간을 거꾸로 돌린다
>최소한의 시간이라도 다시 보내고 싶어 매만지는
>여자의 손에 온종일 심파시 장미가 핀다
>—「꽃의 지문」 전문

추명국이 지지도 않았는데

    은근슬쩍 구절초가 입을 열다
    석산이 불화살처럼 올라오자
    구름솔체가 주저앉아 반기고
    부지깽이나물도 제 꿈 보따리 후하게 푼다

    어디 다른 것을 꿈이라 하겠는가
    일 년을 기다려 만나는 꽃들의 가을
    앞자락만 펼치면
    세상을 다 품고도 넘친다는 말
    거짓이 아님을 알게 된 여자의 말에
    스무 해 넘게 속고 산다
    　　　　　　　—「꽃의 비밀을 만지다」 부분

「꽃의 지문」은 고도한 상징성이나 이미지 묘사 없이 담담하게 사실성을 살린 작품이다. 이렇게 지시연은 산골 마을로 들어가 온갖 풀꽃들과 산새들과 나비들과 마음을 나누며 시를 쓴다. 어쩌면 시를 쓰기 위해 그 산속 마을로 찾아들어 갔는지도 모르겠다. "스무 해 동안 한 여자가 만진 그것"에서 암시되듯이 지시연 시인이 '꽃'과 함께 산 것은 이미 스무 해도 넘었다. "어떤 왕비도 부럽지 않았다"고 한 것은 이미 자연과 동일체가 되었음을 암시한다. 「꽃의 비밀을 만지다」에서 지시연은 꽃들에게서 실핏줄의 떨림을 느끼고, 숨소리와 말소리를 듣고, 시간과 계절의 순환, 그 떨림을 감지하기도 한다. "은근슬쩍 구절초가 입을 열다/석산이 불화살처럼 올라오자/구름솔체가 주저앉아 반기고/부지깽이나물도 제 꿈 보따리 후하게" 풀어놓는 자연물 속에서 함께 호흡하고 교감하며 산다.

 이렇듯 꽃들과 함께 교감하며 신을 향한 기도와 신의 숨소리를 듣는 시인이 바로 지시연이고, 지시연의 인생관이다. 이 인생관 속에는 언제나 기도의 손이 존재하고 신의 숨소리가 함께 존재한다.

> 때 묻지 않은 세상이 올 거라고
> 무상으로 바라지 말자
> 아니 끝까지 바라며 살자
> 어떠한 인위가 있다 해도 내가 시작한 과업
> 내장까지 이미 썩은 것은 아닐지도 모른다
> 사람에겐 사람 냄새나게 사는 사람이 사람답고
> 사람이 되는 일에 눈을 뜨자는 권유
> 닻별 하나 세워 가꾸는 생이나
> 더불어 가는 길벗의 노래를 대신 부르는 생은 거침이 없다
> 서로 동참할 기표를 망각할 리 없고
> 진리 안에 눈뜬 자의 공간

누구나 그 세계로 가고 있기를 기도하는 인간다움이

한밤중에도 자라고 있음이 분명하다

—「무하유(無何有)」 전문

이 시는 장자의 내편(內篇)에 있는 '소요유(逍遙遊)'를 연상케 한다. "때 묻지 않은 세상이 올 거라고/무상으로 바라지 말자"고 하였듯이 모든 진리와 이치는 지시연 시인 자신이 20여 년간 자연에 묻혀서 꽃을 가꾸고 그 속에서 신의 숨소리를 듣고 생명의 소리를 들으면서 터득한 결과이자 "사람이 되는 일에 눈을 뜨자는 권유"이다. 그리하여 "진리 안에 눈뜬 자의 공간/누구나 그 세계로 가고 있기를 기도하는 인간다움이/한밤중에도 자라고 있음이 분명하다"고 노래한다. 자연 속에서 배운 진리와 삶의 자세를 다시 한 번 인식케 하는 '무하유(無何有)'의 세계. 이 '무하유(無何有)'의 세계는 다시 「내 안으로 난 길」과 같은 성찰과 자성의 길을 만든다.

헤르만 헤세의 말을 빌리는 것이 좋겠다

안으로 난 길을 걷는 게 얼마나 어려운지

겨우 알 것 같아 살짝 쉬어보면

안개라도 내린 날이 가늠하기 더 어렵다

심각하게 살지 않아도 해답을 향해가는 나이

헷갈림은 없지만 혹, 가다가

내 안에 엉뚱한 돌기가 생기면 왜, 더 아픈지

살피고 가는 일 마땅하다 해독하려

살펴주고 싶은 마음뿐인데

해달라는 것도 아니고

잘 걸어가도록 낙엽 정도 치워주는 일

자꾸만 고불고불한 길 만들지 말고

그 길을 국수 밀듯 펴면서

땅은 길이 되고 마음 안에 그 길을 다시 내어

동산까지 걸어가는 등불 하나

어리석음을 버리고 때로는 참고 가는 힘

또 하나의 길 그 이름이고 싶다

─「내 안으로 난 길」 전문

이와 같이 지시연 시인은 자연 속에서 그 자연물들을 통하여 삶의 진리를 터득하고 생명의 존귀함과 사람으로써의 도리를 지키는 삶을 구가한다. "잘 걸어가도록 낙엽 정도 치워주는 일/자꾸만 고불고불한 길 만들지 말고/그 길을 국수 밀듯 펴면서/땅은 길이 되고 마음 안에 그 길을 다시 내어/동산까지 걸어가는 등불 하나/또 하나의 길 그 이름이고 싶다"는 노래가 바로 지시연이 자연 속에서 배운 순리이고 인간의 고귀하고 숭고한 시 정신이다.

4. 시와 음악을 통한 사유

니체는 일찍이 그의 저서 『비극의 탄생』에서 "언어, 형상(이미지), 개념은 음악과 유사한 표현을 추구하며 이제 음악의 위력이 그것들에 스며들게 된다. 모든 시적 표현 방식은 음악을 모방하는 방식으로 사용하도록 자극했다."라고 설명하고 있다. 시와 음악, 언어와 음조, 사이의 유일한 관계를 설명하고 있는 것이다. 지시연의 작품 가운데 「클라라에게」와 「네순 도르마」란 작품이 있다. 「클라라에게」는 천재 작곡가 로베르트 슈만의 아내를 딴 이름으로 얼른 눈길이 머물렀다. 그러나 시의 내용과 대상은 '어머니'이고 클라라는 "어머니를 놓치고 우는 막내" 동생의 이름이다. 아마 세례명 아니면 예명일 것이다. 아무튼 아름다운 이름을 가진 동생과 "너도 울고 나도 울며 나이를 더해가겠지만 암만 생각해도 우린 좋은 엄마의 딸이었"음을 상기하며 "우리도 좋은 엄마로 차곡차곡 살다가 그리움 한 점으로 높이 높이 올라가자"고 친구에게 다짐하는 내용이다. 리듬을 생명으로 하는 시는 곧 음악이고 음악은 곧 시다. 지시연 시인이 시와 함께 음악을 감상하며 시를 짓고 시 속에서 음악을 사유하는 정서를 감상해 보자.

내 성대를 비벼서 올렸던 찬미

고음만큼 간절했던 기도를 회상하다가
아직은 잠들고 싶지 않아 세월의 그늘까지
사랑하게 된 지금
일어서기 위해 몇 번이나 듣다가 잠든 밤

육신에 지지 않기 위해 귀를 세우고
성대를 최고로 올려 음가를 치는 순간
봄을 기다리는 나무와 새들이
한통속 되어 잠을 자러 가고
뜰에는 묘수처럼 설화를 장식해 주듯 피는 눈꽃

바람이 부려놓고 간 언어를 줄줄 엮어
꽃눈 키우는 계절이 오면
시는 여전히 쓰고 있냐고 안부 주시던 노시인도
저무는 노을 따라 영영 가시고
팥죽 먹는 동지를 어제 지났다고
혼자 중얼중얼

이만하면 내 세상도 살맛 나는 세상
가끔 아픈 일로 찬바람 몰아치고 살얼음 얼지만
인간의 위치에서 신의 체온을 느끼며 사는
살아야 할 이유가 죽어야 할 이유와 만나는 날까지

내 영혼아, 사람아

　이제부터 다시 네순 도르마!

─「네순 도르마」 전문

　매우 서정적이고 감성적인 한 편의 아름다운 편곡 같은 시다. 이 시에서 지시연은 "내 성대를 비벼서 올렸던 찬미"이며 "고음만큼 간절했던 기도"라고 고백한다. "세월의 그늘까지/사랑하게 된 지금/일어서기 위해 몇 번이나 듣다가 잠든 밤" 그 밤 속에서 신이 내려주시는 찬미와 찬송가이다. 어디 그뿐인가! "성대를 최고로 올려 음가를 치는 순간/봄을 기다리는 나무와 새들이/한통속 되어 잠을 자러 가고/뜰에는 묘수처럼 설화를 장식해 주듯 피는 눈꽃"이 마치 '잠 못 이루는 공주'의 '눈물 꽃'으로 환영된다. 이렇게 지시연에게 「네순 도르마」가 위로와 찬미의 밤이라면 「님프의 바다」는 참회와 후회의 바다로 승화되고 있다.

　아프지 말자

　바다의 신에게 매달려 보기로 하고 잠수를 탔다

　어처구니없는 행위

　테티스가 울고 갈 나의 어리석음이 물고기마냥 엎드렸다

　아이가 어렸을 때 더 좋은 엄마가 되어주지 못한 건

두고두고 후회스럽다

어느 해 사월 잠수함 타고 우도에 간 게 전부인데

수년이 지나도 봄날 유채꽃 일렁이는 노란 비늘이 올라온다

제주 바다는 신화의 주인공으로 캐스팅해서 데려가고

절망도 후회도 사라진 그림자 하나

세상의 의심도 버린 저녁별

책을 덮고 누워 다시 그날 내가 본 바다

그 바다가 고래처럼 온몸 뒤집는다

—「님프의 바다」 전문

님프(Nymph)는 바다, 산, 강, 목장 등에 사는 아름다운 정령(精靈)이다. 그런 까닭인지 지시연의 「님프의 바다」는 매우 낭만적인 어조와 음성으로 다가온다. 그러나 첫 행에서부터 "아프지 말자"는 말은 더 이상 '아파하지 말자'라는 청유형적 어감을 준다. 아마 시행에서 보이는 바와 같이 "아이가 어렸을 때 더 좋은 엄마가 되어주지 못한" 것을 후회하는 정서이다. "수년이 지나도 봄날 유채꽃 일렁이는 노란 비늘이 올라온다"는 심상으로 잊으려 해도 문득문득 "노란 비늘로 올라"오는 애련함의 심상이다. 이렇게 자식은 부모에게 끝도 없이 아픔으로 남는 존재다. 잘 해준 것보다 잘 못해 준 것만이 항상 가슴을 아프게 울리고 있기 때문이다. 그 아픔은 곧 부모

의 절대적이고 맹목적인 사랑에서 우러나오는 '천륜지정'에서 비롯되는 정서다.

5. 자성의 시, 오독을 지우는 새벽

지시연의 이번 시집 표제작이 된 「오독을 지우는 새벽」과 「미달」이란 시를 통하여 자기 자신을 얼마나 담금하고 연마하는지를 살펴보자.

> 자잘한 물고기를 놓아주는 어부의 손
> 그물을 빠져나가 상하지 않은 비늘처럼
>
> 지난밤 온기 없는 생각을 퍼내고
> 게으름은 벗어놓고 헤엄쳐 온 여기
> 새벽은 언제나 천상의 바다요 지혜의 숲
>
> 풋풋한 정신을 깨우느라
> 어둠의 호흡들이 일정한 파장을 그으며
> 멀어지는 지금이란 신호
>
> 생이란 주조음을 아름답게 연주하려

몽돌처럼 다듬는 게 쉬웠다면
시는 나와 함께 살지 못했으리라

껍질을 벗고 속살이 드러나는
피조물들의 상한가를 헤아려
바닥을 힘껏 믿어보는 배려까지

다시 새벽을 사는 일은
나를 지우고 너를 새롭게 읽어내는 일로
어제보다 한결 수월하다
—「오독을 지우는 새벽」 전문

「오독을 지우는 새벽」은 밤새 잘못 읽고 잘못 생각한 것들을 지우겠다는 의미의 새벽이다. 달리 함의된 의미로는 시와의 동행, 동거를 못하고 잡다한 생각으로 밤을 지샜다는 뜻의 이면이다. "지난밤 온기 없는 생각을 퍼내고/게으름을 벗어놓고 헤엄쳐 온 여기/새벽은 언제나 천상의 바다요 지혜의 숲"이 된다. 그리하여 "다시 새벽을 사는 일은/나를 지우고 너를 새롭게 읽어내는 일로/어제보다 한결 수월하다"며 자신의 시 정신을 일깨운다. 이렇듯 지시연 시인은 자신을 돌아보는 성찰의 자세로 시 세계를 설계하고 설정하여 그 테마를 살려내고 있다. 「미달」이란 작품이 대표적으로 이에 준한다.

변해가는 얼굴만 나인가 싶어
들여다보다가 정말 늙어 죽지 말아야지
겁 없이 살겠다는 것도 아니었는데
겁도 없이 살았구나 싶다

때로는 철없이 살기도 철없었는데
순수를 잃지 않고 살기란
더 어려운 불순물이 돋아나
끈질기게 나를 젖게 하더라

지구별 여행자는 함량 미달인 채로
작은 것 하나씩 기쁨을 만나며 살고 싶었고
더는 좋아질 기미 없는 거죽을 입고도
매일이 새로운 이 느낌은 대체 무언가

사는 자리 나비처럼 둘러보니
이 집에서 제일 오래된 유물이 되었을 뿐
따라온 것들이 삼십 년을 훌쩍 넘었으니
조금 더 닦으며 살다 보면
이유 있는 조건 미달은 되겠다 싶은데

매일 부리를 단련하는 새처럼
유리문을 데우는 농익은 가을 햇살
두 눈이 감기는 게 생각까지 미달인가 싶어
여기서 멈춘다

—「미달」전문

지시연의 시를 읽다 보면 우리가 시를 왜 쓰는가, 또 왜 써야 하는가를 돌아보게 된다. 이번 시집은 마치 고백서처럼 자신의 뒤편에서 자신의 삶과 내면을 바라보는 자성의 서사적 미학으로 채워져 있다. "사는 자리 나비처럼 둘러보니/이 집에서 제일 오래된 유물"이 되었다는 것은 자신도 덧없이 흘러가는 시간의 존재를 암시한다. 이 암시는 언뜻 "더는 좋아질 기미 없는 거죽을 입고도"와 같이 자조적인 자의식 속에서 자신을 재발견해 내는 성찰이다. 이런 허무 의식 속에서도 지시연은 "매일 부리를 단련하는 새처럼" 자신을 '미달적' 존재로 표현한다. 그러나 우리는 이 '미달'의 부분을 채워가기 위해서 매일 사색하고 고뇌하고 또 시를 쓰는 것은 아닐까?

지시연 시인을 일러 '자연의 시인'이라 해도 무방할 것 같다. 여기서 필자가 '자연의 시인'이라고 이름한 것은 두 가지 뜻을 함의하고 있다. 하나는 자연 속에 묻혀서 자연물과 함께 산다는 뜻이고 또 하나는 굳이 시의 형식이나 이론에 치우치려 하지 않고 자연 그대로 물 흐르듯이 시를 쓴다는 뜻이다. 하여, "시는 자연스런 감정의 발로"라고 한 워드워즈의 말을 실감케 한다. 지시연은 자연물을 통하여 사람의 도리와 순수성을 배우고 또 동화되어 시를 읊조리고 사유한다. 또한 시란 무엇인가에 호응하는 자성의 길을 터득하며 그 길을 묵묵히 지향해 나간다. 이런 요건과 요소들이 지시연 시의 순결성이자 순수성이다. 그런 점이 오늘의 지시연을 시인으로서 우뚝 서게 하는 요체가 된다고 할 수 있겠다. 앞으로도 더 높고 더 고고한 이상적인 세계에 닿을 수 있도록 자연의 목소리를 더 오묘하게 받아 적는 시인이 될 것이라 믿어 의심치 않는다.

문학의전당 시인선 381

오독을 지우는 새벽

ⓒ 지시연

초판 1쇄 인쇄	2024년 8월 23일
초판 1쇄 발행	2024년 8월 30일
지은이	지시연
펴낸이	고영
디자인	헤이존
펴낸곳	문학의전당
출판등록	제448-251002012000043호
주소	충북 단양군 적성면 도곡파랑로 178
전화	043-421-1977
전자우편	sbpoem@naver.com

ISBN 979-11-5896-659-1 03810

*이 책의 판권은 지은이와 문학의전당에 있습니다.
*양측의 서면 동의 없는 무단 전재 및 복제를 금합니다.
*잘못 만들어진 책은 바꿔드립니다.
*이 시집은 2024년 강원문화재단의 전문예술창작지원사업으로 발간되었습니다.

 강원문화재단
Gangwon Art & Culture Foundation